징그러운, 안녕

징그러운, 안녕

안미현 시집

고두미

□ 시인의 말

이제 나이를 셀 수 없는 내 속의 짐승을 놓아주려 한다.
짧지 않은 시간 동안 동고동락한 정을 생각하면
그냥 보내는 건 도리가 아닌 거 같아
옷 한 벌 마련했다.

부디 잘 가시라.

내 속의 짐승을 잘 부리지 못한 후회는 이미
내 몫이 아님을 예감하는 저녁.

2022년 4월
안미현

징그러운 안녕 차례

제1부

접형골	_ 13
피꼬막을 삶는 저녁	_ 14
장미의 계절	_ 16
그물 왕국	_ 18
폭발적	_ 20
다이어트	_ 21
세상	_ 22
장마	_ 23
허물	_ 24
놓치다	_ 25
해 질 무렵	_ 26
나뭇잎 하나	_ 28
사고	_ 30
서서히	_ 32
껍질	_ 34
동신장 목련	_ 35

제2부

2월	_ 39
붉은 파도	_ 40
바라, 봄	_ 41
꽃잎의 주소	_ 42
어느 날	_ 44
옥수수의 시간	_ 46
초복	_ 48
그녀의 방	_ 49
골동	_ 50
겨울, 서시	_ 52
바람의 집	_ 54
미역국	_ 56
바닥	_ 57
한 방울	_ 58
납작한 그림	_ 59
몸살	_ 60
백로	_ 61
홍어	_ 62

제3부

황지	_ 65
어느 종족에 관한 보고서	_ 66
무섬, 강가에서	_ 68
백두 왕족	_ 70
비의 변주 1	_ 71
비의 변주 2	_ 72
색깔론	_ 73
도다리쑥국	_ 74
봄의 장례	_ 75
통행료	_ 76
다시 가을에 서다	_ 78
하늘	_ 80
눈수제비	_ 81
잎잎이 다 돈이라면	_ 82
어머니의 바다 홉스굴	_ 83
손톱	_ 84
눈, 사람	_ 86
아버지의 여름	_ 88
가족의 이름으로	_ 90

제4부

자정에 내리는 눈	_ 93
사랑초	_ 94
나무를 듣다	_ 95
가을 풍경	_ 96
손바닥	_ 97
풍기 고모	_ 98
그저	_ 100
시인 종우	_ 102
고3 달팽이	_ 103
어차피 외로울 거	_ 104
시집	_ 105
별별	_ 106
두 손가락	_ 108
이사의 변	_ 110
징그러운, 안녕	_ 111

☐ 발문
정진명 | 청춘에 찍힌 시의 낙인   _ 115

제1부

접형골*

내 머릿속에 나비가 산다.

두개골 어디쯤 살포시 앉았다
영영 떠나지 못한 비상의 꿈이
희뿌연 뼈마디에 갇힌 슬픈 흔적.
무거워 날지 못하고
가벼워 앉지 못하는 어디쯤
가냘픈 영혼의 날개는 파닥이는가

내게서 멀어질수록
조금씩 틀어져버린 생의 윤곽.

길 잃은 혈 자리에 침을 맞으니
나비들이 한꺼번에 쏟아진다.
갇혔던 아우성이 검붉다.

내게로 돌아가는 길이 멀다.

---

*접형골 : 두개골에 위치한 나비 모양의 뼈. 이 뼈의 변위는 안면 비대칭
의 중요한 원인이다.

피꼬막을 삶는 저녁

삼천구백 원어치 바다가 냄비 안에서
타닥타닥 플라맹고를 춘다.

먼 여행에서 돌아온
바다의 뒤꿈치는 깨져 있거나
파도를 깨문 입술은 더러 틀어져 있다.

밖에는 꼬막의 허연 배때기처럼
눈이 나린다.

생사의 경계는 언제나 모호해서
참을성 없이 떠오르는 거품들이
뻐끔뻐끔 가쁜 숨을 토해낸다.
예기치 않은 검은 구멍들과
삶을 망가뜨렸던 소문들이 가볍게 떠오른다.
바다를 오해했던 입맛이 스멀스멀 올라온다.

비릿한 피비린내조차
시간의 손끝에서 한 송이 장미로 벙글고
마술처럼 속수무책의 흰 가루가 뿌려지는 저녁

점액질의 꽃잎을 씹으며 묻는다.
살아가는 일이 왜 이토록 짜디짠 것인지
살아가는 일이 왜 이토록 거품투성이인지
그럼에도 이 질곡의 해안가를 왜 서성이는지
대답해다오 바다여
정녕 이 붉은 꽃잎의 원산지가
발목을 낚아채는 저 뻘밭이란 말인가

눈이 그치고
마술도 곧 끝나면
내용증명처럼 쌓이는 껍질들의 무덤

대답은 이미 들은 걸로 하겠다.

장미의 계절

구름도 간절
파도도 간절
바위도 간절
시간도 간절.

더 이상 뛰어내릴 벼랑 없어
바다로 절벅절벅 걸어 들어간
간절곶, 여자화장실 뒤편
한 무더기 장미의 생가.

아름다운 것들의 태생은
지독한 배설의 자리였나.

격랑에 쓸려온 인생들이
바다의 뒷간으로 모여 들어
붉은 국지성 장미를 뿌린다는
호우 주의보.

먹구름이 몰려오고
정수리에 가시 같은 비가 꽂혔다.

가릴 것 없지만
더는 아프지 않았다.

전쟁 같은
장미의 계절이었다.

그물 왕국

누군가
허가도 없이 유리창에 집을 짓고 있다.
곧 철거 명령이 떨어질 거품집을 짓고 있다.

투명한 국수 면발 같은 햇살이나
거친 숨 몰아쉬는 바람이나
새 눈물 같은 이슬들의 거주지

몸을 뱉어서
허공을 끌어 모으는 거미의 중심.

가닥가닥 엮은 방은
울음일까
번민일까
시간일까

가슴이 다 타서 비워내면 저리
아찔한 자유가 될 수 있을까?

내 속에 촘촘히

세 들어 사는 거미들이여

부디
나를 다 가져라
헤어 나올 수 없는
불멸의 시를 써라.

폭발적
— 어떤 사랑에 대하여

갑작스런 꽃 소식으로
지구의 귀는 피곤하다.

살점이 터진 끈적한 피로
흰 글자를 쓰는 나무들.

장미가 피고 지는 것은
장미의 일.

한 시절이
또 다른 시절을 기리는 것은
시간의 일.

나는 나의 붕대를 감는다.

나는 나의 녹슨 귀를 가꾼다.

다이어트

마음을 찌우니
살이 빠진다.

바람도 없는데
마음이 분다.

증발한 마음의 부피
겨우
1kg

빼야지 하는 생각마저 던지니

뼈만 남은
가벼운 맘.

세상

가장 무겁고 소란스러운 곳

한 뼘
내 맘

장마

우리는 서로의 얼굴을 모른다.
젖고 젖어 경계가 지워졌다.

나는 그에게로 흘러가고
그는 내게로 와 비로소 스민다.

밤새, 우리가 앉았던 나무소파
십 층 무릎까지 수위가 찼다.

등고선에 범람하는 구름의 불안
우리는 지혈이 안 되는 서로의 안부를
몰래몰래 챙긴다.

잊히지 않기 위해
쓰러지지 않기 위해
늘 젖어 있는 생의 발바닥

아주 작은 물방울이 우리의 조상이다.

허물

새벽부터 시작한 설사가 심각하다.
기습적 폭우로 둑이 터지듯
믿었던 몸이 힘없이 무너진다.
가두기엔 역부족인 내 허물의 범람
확실히 허물은
무언가를 먹고 자라는 것임에 틀림없다.
먹지 말아야 할 마음과
뱉지 말아야 할 독설,

내게로 수렴되지 못한 날것들이
천 길 절벽 끝에서 쓰는 부패의 자기고백.
나를 물로 보지 말라고 대들었던
세상의 무릎 앞에

나
뼈 없는 물로서 엎드린다.

비운 이마가 서늘하다.

놓치다

간혹
봄의 치명적인 실수라면, 정작
자신의 봄을 놓치는 것

동백을 보고 싶었으나
동백이 흐드러지게 떨어진 걸
보고 왔다.

내게서 떨어져 나간
시간의 낭자한 머리카락들.

나의 치명적인 실수라면
동백 한 잎과 머리카락 한 올
그 둘을 엮은 치정의 죄.

순식간이라,

번번이 동백을 놓치고
머리카락을 놓치다.

해 질 무렵

나는 버려진 걸까?
길 잃은 미아처럼
어디로 가고 있는 걸까?

마늘 삼천 원 어치와
검버섯 핀 바나나 한 묶음
저자에 나온 지 오래된 토마토
햇빛에 전의를 상실한 상추.

최선을 다했지만
내 안목은 늘 낙제점
실패한 검정 비닐봉지끼리
어깨를 밀치며 터덜터덜

이 지구에서
나와 함께 저녁을 먹을
유일한 사람은 부재중.

아무도 가보지 않은 어디선가
시간은 먼저 도착해

저녁상을 차리고 있을 거다.

많은 길을
마음 닫고 지나와 버렸으므로
이젠 그리운 사람도 없다.

친절하지 않는 길과
친구가 없는 나 자신과
진지한 대화가 필요한 시간.

나뭇잎 하나

오직 늙었다는 이유로 퇴출당한
나뭇잎 하나 뒹군다. 어쩌면
스스로 고층에서
뛰어내렸는지도 모른다.

늦은 저녁
실내등은 꺼져 있고
가족들은 각자의 방에 잠겨 있다.

그들의 유일한 종교는
돈.

직장에서 떨려난 가장은
부모가 아니고
남편이 아니고
자식이 아니다.

등이 굽은 나뭇잎 하나
거리를 서성이다 끼리끼리 모여
공원에서 장기를 두거나

공짜 햇볕에 졸거나
가짜 비아그라를 먹고
어두운 골목으로 사라진다.

젖은 나뭇잎 하나
얼굴에 붙어
떨어지지 않는다.

사고

수많은 시간을 달려
억겁의 시간들이 모여
시간과 시간들의 교집합인 찰나.

너를 만났지
푸른 눈에 가는 다리
네 발은 딱 붙어서
움직이지 않았지.

퍽

수많은 우연이
필연이 되는 순간
너는 쓰러졌지.
차에 치여 한참을 끌려온
뜨끈하면서 물컹한 목숨.

너를 버리며
나를 버렸지.

연기가 피어오르고
곧 말라버릴 핏자국을 남기고
지구의 시간 밖으로
나도 버려지겠지.

지구의 몸무게는
변함없겠지.

서서히

어둠이 안개처럼 내리는
창밖을 바라본다.

나를 담은 이 별에
배고픈 어둠이 빈 밥그릇을 들고
문간을 서성이는 구나.

나는 오늘 너에게
무엇을 보시하였더냐.

사람이 그리워서도 아니고
무엇이 애달파서도 아닌데
꾸역꾸역 구겨 넣은 이 허기가
쓰레기 같은 혓바닥을 끌고 도착한 곳은 어디더냐.

아직 내 어둠의 창고는 넘치고
뜨거운 입술은 기록할 것이 많구나.

철저히 봉인된 시간의 틈새로
낡은 비밀이 스멀스멀 새어 나온다.

고백컨대
너무나 나에게 집중한 나머지
이별이 아픈지도 몰랐다.

껍질

옷을 갈아입는다.
피곤한 다리가 축 늘어진 채 옷걸이에 걸린다.
탈골된 팔은 기역자로 걸리고
가장 낮은 데서 가장 무거운 짐을 진 발은
무념의 표정으로 눕는다.

누군가 간절히 원했을 하루가
껍질째 쌓인다.

하루 종일
뜨거웠던 체온을 내려놓고 사과를 깎는다.
사각사각 태양의 껍질이 쌓이고
단단하게 뭉친 시간의 맨살이
얼음처럼 닳은 잇몸에 박힌다.
뱉을 수도 삼킬 수도 없는 통증

사는 게 결국
제 살을 파먹는 껍질의 여정인데
나, 무엇을 취하고 버려야 할까?

동신장 목련

늘 하던 좌회전인데
동신장 여관이 거기 있었고 그 어깨 너머
고목만 한 붉은 목련나무 한 그루
신호등처럼 켜져 있었네, 가지마다
치마를 풀어헤친 여자들이
주렁주렁 열렸네.
화장이 지워진 그녀들은
쓰라린 밑을 말리느라
부서지는 햇살 아래 몸져누웠는데
그들의 씻은 피를 마신
목련나무 발밑에서 어쩌면 나도
잃어버린 정신의 순결을 가늠할 시간.

멀어지는 백미러 속으로
뒷걸음치다 뛰어내리는
한 여자를 구할 길 없네.

제2부

2월

2월은 아픈 손가락

약속의 마디를 뚝 잘라
꽃잎의 혈서를 쓰는 달

그대에게 닿을 수 없는
고백의 자리가 비었다.

붉은 파도

하늘 가득 눈이 옵니다.
누군가 아득한 곳에서
작년에 짰던 털옷을 풀고 계십니다.
누군가 캄캄한 곳에서
보풀의 온기를 더듬고 있습니다.
세상은 온통 흰 빛에 찔려 눈이 멀었습니다.
떡시루 위에 뿌려진 붉은 씨앗을 주워 먹느라
짐승 같은 겨울의 등골이 휘었습니다.
차갑고 투명한 유리 파편들이
심장을 만들고 손톱을 만들며
들숨 날숨을 고르는 잉태의 계절.

파도처럼 너울너울
동백이 오는 소리를 듣습니다.

바라, 봄

초록 물감을 마신 버드나무가
우주 저 끝에서 걸어온
제 발등을 내려다보고 있다.
터진 살갗을 타고 올라오는 푸른 혈관마다
콤콤한 비린내가 묻어 있는 7번 국도.
옆구리에 와서 파도가 쓰러진다.
옆구리에 와서 냄새가 쓰러진다.
수억 년 전 제조된 거품들이
모래알 속으로 사라지는 광경을 저물도록 지켜본다.
애인아,
너는 어디서부터 불어오는 소식이더냐?

꼭 다시 온다는 약속처럼 와서
새살을 찬찬히 바라
봄,
이다.

꽃잎의 주소

벗나무에 벚꽃
진달래나무에 진달래
아카시아나무에 아카시아

문패도 없는데
한 치 오차 없이
제 집 찾아오는 향기들

지구가 커다란
꽃단지를 엎었네.

심장을 파고드는
뜨거운 냄새로
몸살을 앓아도 좋겠네.

꼼짝없이 한 시절을
탕진해도 좋겠네.

향기를 키우는 건
나무가 아니라

그림자였네.

어느 날

여느 때처럼
시집을 읽고 있었을 것이다.

맞은편 김밥나라 유리창엔
황지연못 철쭉들이
김밥 속 터지듯 피었을 것이다.

이 도시의 꽃송이는
한 점 한 점이 다 사리
폭력적인 추위를 견딘
정신의 훈장.

이 도시를 떠난 사람들과
이 도시로 떠나온 사람들이
무중력의 꽃가루처럼 스치는
오월의 공중정원

때때로 나를 비웃는
문장들의 좁은 미로 사이로
시간은 자락자락 흘러가고

현기증을 앓는 꽃들이
소리 없이 연못으로 투신하던

나의 머나먼
그 어느 날, 오늘

옥수수의 시간

바람을 타고 슬금슬금
구수한 냄새가 온다.

절정의 냄새, 혹은
절정을 지나온 냄새

어떤 약으로도 지키지 못한 이빨들이
분식집 앞 평상에서 하얗게 말라가고 있다.
마지막 육체이탈의 시간,
한 잔의 차로 거듭나는 불멸의 시간.

옹알이 잇몸부터
쭈그렁 잇몸까지
우리가 먹어 치운 시간은 어디로 갔을까?
방방마다 불을 밝히던 씨앗들
내 몸에 박힌 촘촘한 시간은
어디쯤 정차해 있을까?

바스락바스락
옥수수 잎을 빠져나가는

시간의 뒷모습을 보았네.

시간은 흐르지 않는다.
사람이 타고,
사람이 내릴 뿐.

초복

여름밤은 낮보다 투명하여
접시 위에 해체된 뼈마디 위로
한 줄기 빛이 머문다.

뜨거운 불구덩이에 쑤셔 박힌
미완의 날개와
마음껏 울어보지 못한 목젖과
세상 가장 공손한 자세의 두 다리가 수습된다.

제법 유서 깊은 시식에 초대된 사람들은
이빨에 낀 살점을 걷어내며 트림을 한다.
낱낱이 증명되었지만
끝내 밝힐 수 없는 생의 족적과 불어터진 밥알들.

현기증 나는 계절이
시간의 아가미 속으로
푸르르 깃을 치며 사라진다.

그녀의 방

할머니가 가신 지 오랜 방
덜컹거리는 여닫이문에
놋숟가락 하나 꽂혀 있다.

백 년의 산목숨이
유물이 되었다.

손가락을 기록하는 먼지들과
구석진 냄새들이 부둥켜안고
그녀의 부재를 기리는 방.
또 다른 부재가 기다리는 방.

별이 쏟아지는 밤
개구리 울음소리 시끄러운 밤

앞마당에 작고 노란 수련 한 송이
찰랑찰랑
시간의 잔주름을 적시고 있다.

골동

건물과 건물 사이
늘 앉았던 자리에서 처음 보는 공간
이마가 푸른 수천 년 전 참나무와
수족관 같은 하늘이 드높이 펼쳐져 있네.

알고 보니 한 뼘 그 틈새 길은
오래전부터 햇빛이 쉬어 가고
바람이 드나드는 길목이었네.
비가 오고 눈이 오고
시간이 흐르는 협곡이었네.
어린 새들도 알고
바람도 아는 것을 나만 몰랐네.

틈 없이 살아오느라
여기 저기 금이 간 시간.

돌이킬 수 없는 시간은
시간대로 흐르시라 하고

새장 밖

지도에도 없는 길을 찾아 떠나고 싶네.
하늘로 향하는 나뭇잎의 푸른 정거장에 누워
햇빛과 바람으로 젖은 몸을 말리고 싶네.
파편 같은 삶의 풍경에 대해
도란도란 이야기하고 싶네.

한 조각 골동이 될 우리의 시간에 대해.

겨울, 서시

가파른 계곡
피 같은 단풍나무 아래
〈위험, 출입금지〉라고 쓴 플래카드 걸려 있다.

시간의 불구덩에 데인 심장들이
한꺼번에 쏟아져 저렇듯
한 그루 깃발이 되었는데

설마 그 아픈 중심으로
걸어 들어가기야 할까

생의 절정을 밟고 서서
찰칵찰칵 시간을 박제하는 사람들.

위험할수록 아름답고
아름다울수록 위험하다는
경고의 문구 아래

최선을 다해 허공을 더듬어 온
핏물 든 발톱들이

동안거에 드는 발효의 시간

바람의 집

찾아오는 손님이라곤
햇살 한 자락이 전부인 집.
야트막한 산허리, 더는 못 가
풀썩 주저앉은 늙은 집 한 채
겨울 햇살에 꿈인 듯 생시인 듯 졸고 계신다.

할머니가 금 간 하늘 문을 열고
배고픈 겨울에게 쌀뜨물 한 솥 쏟으신다.
마당 가득
뜨겁고 하얀 가난의 입김이 결정이 된다.

한바탕 앓고 나면 너덜너덜한 아픔도
그리움의 꽃무늬 문살이 되고
할머니 몸속에서 무르도록
고아지는 서까래들이
시린 별들을 밥상처럼 이고 있는 집.

누대에 걸쳐 우린 시간이
긴 혀를 널름거리며 연기로 빠져나가고
바람이 길을 내는 주목의 자세로

한 생이 풍화에 드신다.

미역국

뽀얗게 우러나오는
국물을 보면서 생각한다.

시간을 이기는 방법은
오로지

바다를 기다리는 것
오로지

바람을 내 안에 품는 것
오로지

시간을 참아내는 것
오로지

숨죽은 미역처럼 착해지는 것
오로지

시간을 잊는 것.

바닥

엎드려서 걸레질을 한다.
서서는 보이지 않던 땟국물이
주방 바닥에 한가득

엎드리지 않고는
무릎을 꿇지 않고는
낮아지지 않고는
보이지 않는
한 평 남짓의 시간.

눈을 씻고 구석구석
먹고사는 일의 상형문자 새겨진
종종걸음의 지도를 살핀다.

바닥이 오롯이
거울이 되는 시간
바닥이 오롯이
높이가 되는 시간.

한 방울

하얀 변기 위에
노란 꽃잎 하나 떨어져 있네.

며칠 며칠
몸 어두워진 그대는 읽지 못하네.

오래전 동굴에서 떨어진
석화를 지우는 동안

꽃이 지고
낙엽이 지고
사람도 지네.

납작한 그림

나방 한 마리
차 앞유리에 날아와 부딪는다.
나방은 없어지고 피 그림만 남았다.
누른 듯 납작한,
평면과 하나가 된 저 상형문자!

무릇, 모든 죽음은 부피가 없다.

몸살

마지막 링거 한 방울처럼
떨어지는 해는 숨을 모으고 있다.

미동도 안 하던 앞산이
이쪽으로 건너오는 찰나

누군가 해의 꽁무니에
따뜻한 입김을 호호 불고 있다.

겨울 산자락에
혹독한 시간이 지불하는 위로처럼
누런 황금빛 보자기가 펼쳐진다.

곧
사생아 같은 꽃들이
꼬물꼬물 태어날 것이다.

시간은
뒤돌아보지 않고
시간 속으로 사라진다.

백로

흠뻑 젖은 몸으로 욕실을 나와
물기를 닦는다.

몸에 닿는 바람이 서늘한 흘림체로
시간의 문장을 쓴다.

가을이다.

표피 아래
은색 시간의 비늘이 쌓인다.

홍어

아픈 사람은
말이 없네.

아픈 사람은
울지 않네.

아픈 사람은
소리가 없네.

아픈 사람은
정말 아픈 사람은

캄캄한 항아리 속
거친 지푸라기 아래서
흑산도 노을처럼 곰삭아 가네.

제3부

황지*

눈뭉치 하나 길바닥에 뒹구네.
설핏, 깨진 연탄인 줄 알았네.
떠나간 사람의 뒤통수인 줄 알았네.

몇 해 눈 감고 엎드려
내 지하를 흐르는 탄맥을 더듬네.

구멍 난 가슴끼리 추위를 견디는
황지의 겨울이 뜨거운 욕설을 퍼붓네.
살아 있으라, 살아 있으라
따귀를 때리네.

나는 그것을 폭설이라 읽겠네.

막장은 막장이 알아본다고
탄가루를 뒤집어 쓴 눈이
돈줄 다 떠난 폐광의 도시에
검은 물이 되어 질척이네.

*황지 : 태백시 황지동 지명.

어느 종족에 대한 보고서

연락을 해볼까 말까
매년 꽃을 피우던 풍란에게
전화를 걸어 볼까
발가락이 으스러지도록
이끼를 붙들고 있는 뿌리에게
불임의 책임을 물을 수는 없다.

무덤의 때가 사라지듯 조금씩
제 목을 감아 오는 줄도 모르고
무한 분열하는 기다림의 기나긴 뿌리여,
절체절명의 순간에도
캄캄한 어둠을 더듬어 피워 올린
하얀 눈물 같은 그것을 감히
〈꽃〉
이라 부르지 못하겠다.

제가 온 곳이
제가 갈 곳

파릇하던 봉분이 점점 낮아져

이제 유골을 수습할 시간

일생의 그리움을 기록한 뼈마디마다
단 한 번 꽃 피우는 일이
그리도 눈물겨운 일인지
코끝을 짚어오는 먹먹한 향기로
한 생을 마감해도 좋겠다.

바람도 서서히 풍화하는 지하에서
당신에게로 층층이 뿌리를 뻗어
그리움의 화석으로 멸한
지구의 마지막 종족이어도 좋겠다.

무섬,* 강가에서

짧은 해 다 질 무렵
강가에 서 있었지.

평생을 한자리에 누워
한 번도 일어나 걸어본 적 없는 강

갈대가 젖은 발목을 묻고
강의 욕창을 살핀다.

천년 동안 마르지 않는 상처의 길목에
눈이 침침한 가로등 하나
장승처럼 서 있는 마을

외나무다리에서도 만날 수 없는
그리운 것들의 섬에서

반짝이는 눈물의 비늘을 물고
순례를 떠나는 새떼들

빼곡한 점자의 하늘에

상처와 반짝임이 동의어로 찍힌다.

＊무섬 : 영주시 문수면 수도리에 있는 고택 마을.

백두 왕족

당신은 누구신가
뚜벅뚜벅 걸어와
내 밥상 위에 떡하니 누워 있는
당신은 누구신가
내가 지금 **뼈**째 들고 마지막 한 점까지
물어뜯고 발리는 당신의 정체는 무엇인가.
정정한다.
당신을 잊었다고 큰소리친 것
당신이 펄펄 끓는 가마솥에서
환골탈태의 **뼈**마디를 다듬는 동안
내 심장은 까맣게 졸아들었다.
지구 어딘가 별처럼 떠도는 당신의 밥상 위에
나 또한 뚜벅뚜벅 걸어가
연골이 닳도록 걸어온 그리움에 대하여 말하려 한다.
산다는 건
이렇게 튼튼한 두 다리로도 닿을 수 없는 거리를
죽을 때까지 가지고 가는 거라고
질기디질긴 미련을 죽을 때까지 물어뜯는 거라고
백두대간, 시차가 다른 밥상 앞에서
하얀 그리움의 **뼈**를 산더미처럼 쌓는 거라고.

비의 변주 1

선뜻
비오는 창가에 다가가지 못한다.
또랑또랑한 눈동자로
젖은 나를 읽고 있는 유리창의 독서.
먼 허공을 돌아돌아 온 눅눅한 영혼이
후루룩 삼키는 뜨거운 칼국수가
폭포처럼 쏟아져 내리는 은유를 읽어야 하기 때문,
맥없이 끊어지고 불어 터지는 가계를
한 줌 어깨에 짊어진 당신이
뒤돌아 흘린 눈물임을 너무 늦은 저녁에 알았기 때문.

젖지 않고서는
건널 수 없는 것이 인생이라서

목젖이 데는 줄도 모르고 삼켜야만 했던
당신의 가마솥 같은 삶이
칼국수 속 짓무른 호박처럼
아직도 흘러내리고 있다.

비의 변주 2

보고 싶은 사람을
빗속에 세워 두고 비가 내리네.

보고 싶은 사람을
만져보지 못하고 빗속에 홀로 두네.

저무는 창밖에서
형체도 없이 젖고 있는 당신은 누구십니까?

오래된 나입니까?
지워진 시간입니까?

같은 습도로 스미거나
같은 속도로 흐려지는 방식으로
그리움을 증명하는 비
그리움을 지워가는 비

전생을 건너오느라 발바닥이 짓무른 구름의 자장이
가슴을 씻어내는 비명의 하늘입니다.

색깔론

꾸역꾸역 배꼬래* 밑에서부터 올라와
뻐근하게 목이 메어 오는 색깔이 있다.
태어나기 전부터 나를 물들여 온 색깔
할머니가 호미 들고 밭에서 걸어 나오실 것 같은 색깔
그 출렁거림 앞에서 뼈마디가 다 녹아내리는 색깔

흐드러지게 핀 도라지꽃이
땡볕에 하늘하늘 웃고 있다.
함께 부대끼고 울어서 웃음이 되는 율동
함께 쓰러지고 아파서 웃음이 되는 율동

쓰디쓴 약으로 거듭나는 뿌리의 집념과
깊이 묻어야 꽃이 되는 슬픔의 덩굴로
그리운 곳으로 목이 기울고
아픈 곳으로 촉을 뻗어
좌도 우도 아닌
한 발짝도 물러설 수 없는 마음의 벼랑에
깃발을 꽂는 식물의 사랑법.

＊배꼬래 : 배꼽의 방언.

도다리쑥국

그 맹숭한 그릇 앞에 앉아
멀어지는 남해의 붉은 꽁무니를 바라보았지.

땀에 전 엄마 젓가슴 냄새 같기도 하고
팔자 사나운 할매 속고쟁이 냄새 같기도 한
여인네들 비밀 같은

시퍼런 바다육수를 풀어 넣고
한참 물오른 도다리나
해풍 맞아 쓰디쓴 햇쑥이나
어느 섬에 들러붙은 미역 같은 그리움이
시원하고 구수한 살풀이가 되는

한 그릇 뜨거운 목마름이 되는.

봄의 장례

당신은 뜨거운 불구덩이 속으로
조용히 걸어가셨네. 그리고
이승의 문을 쾅하고 닫았네.

한 줌 당신을
지리산 어느 암자에 모시고
돌아오는 길목마다
흰 눈물이 터졌네.

죽은 듯 서 있던 나무들이
일제히 노래를 불렀네.

가시는 걸음걸음
꽃길이었네.

통행료

영월 지나 예미재 지나
가쁜 숨 쉬어 가는 곳에
이름 모를 마을 하나
뽀얀 가로등이불 덮고
한잠 들어 계시는데

오징어배 집어등처럼
이마가 반짝이는 곳 어디쯤
오래전 내 가계를 떠난
당신도 잠들어 있으려나

철썩이는 파도에 아픈 발을 묻고
돌아올 수 없는 섬에서
만선의 꿈을 꾸는 당신.

당신의 마을을 지날 때마다
내 몸을 관통하는 유전의
통행료를 지불해야만 한다.

내 핏속을 흐르다

목구멍을 타고 오르는
짧고 뜨거운 낱말의 출처.

날것의 언어가
문장이 되고 뼈가 되는 새벽 한 시
당신 몸을 빌려
이 세상에 온 빚으로
비릿한 시 한 수 올려도 되겠습니까?

다시 가을에 서다

요란한 앰뷸런스 안에서
목숨의 경계를 넘나들던 그 좁은 공간
차라리 이 순간이 끝이었으면 했다.
저 산소 호흡기만 떼면 모든 고통은 끝.
산 사람은 살아서
갈 사람은 가느라 힘이 든 목숨의 깔딱고개.

어머니가 수없이 넘었을 그 가파른 능선을 오른다.
시간이 제 살을 깎아지른 절벽 끝
세상은 그때나 지금이나 여전히 아득하고
푸른 혈관이 다 타들어간 나뭇잎
제 아픔을 그림자 삼아 떠가는 나뭇잎은 오래전
당신이 토한 객혈의 무늬처럼 뜨겁다.

후들거리며 내려서는 한 발 한 발
내 생의 발목이 출렁이는 밧줄 하나에 매달려
더는 걸어 갈 힘도 포기할 힘도 남아 있지 않을 때
낙엽 지고 메마른 이 능선을 넘으며
당신 두 눈에 어룽졌을
어린 단풍나무 잎 같은 생을 떠올린다.

투명한 눈물의 색깔로
목숨을 태워버린 한 여인의 짧은 가을과
당신 목숨에 빚진 이 숙제 같은 가을을.

하늘

얼굴이 파랗도록 울더니
금세 활짝 웃는 하늘

놀러 가고 싶다.

속없는 김밥과
약 같은 물을 싸서

놀러 가고 싶다.

눈물얼룩 같은 솜구름에 앉아
아직도 아픈 엄마에게
한 입 넣어 주고 싶다.

나보다 어린 엄마 얼굴
가득한 하늘

눈수제비

눈이 오기를 기다린다.

한 해가 저무는 날
마침내 눈은 거짓말처럼 내린다.

하늘로 이사 간 은색 할머니가
한 입씩 떼서 끓여주는 수제비처럼
퐁당퐁당 눈이 내린다.

나는 희고 보드라운 꽃잎을
죄 많은 혀로 받아먹는다.
아득하고 알싸한 맛.

국물까지 마시고 내려놓은 그릇에
바지락처럼 뒹구는 시간이
아차 하고 무릎을 치는 맛.

얼었던 사람의 마을이 온통
김 나는 가마솥이다.

잎잎이 다 돈이라면

송이송이 피는 뽀얀 주먹 같은 목련이
한 트럭 돈다발이라면

콸콸콸 쏟아지는 저 벚꽃 잎들이
다 짤랑이는 동전이라면

이 세상 아픈 사람 몽땅 고칠 수 있을까?

머리에 흰 붕대를 감고
두통을 앓는 나무들아

사람은 떨어지고
고름 같은 꽃잎만 남았구나.

어머니의 바다 홉스굴*

천년 전
어머니가 흘린 눈물의 호수

물고기는 어디 가고
하늘과 구름과 바람의 거울 속
동글동글한 눈물의 뿌리가 투명하다.

다시 못 올 걸 알기에
마음속 조약돌 하나 슬며시
물의 생가에 빠트리고 돌아왔다.

* 홉스굴 : 몽골에서 가장 맑고 아름답다고 이름난 호수.

손톱

    손톱 같은 달이 새초롬 뜬 밤

    손톱을 깎는다.
    타닥타닥
    모닥불 튀는 소리
    타닥타닥
    고구마 익는 소리

    저만치 달아난 손톱을 주우러 가는데
    몇 만 년이 걸렸다.

    엄마가 흘렸던 손톱처럼
    창백한 달이 떠 있고

    또 누군가는
    나의 손톱을 찾으러 이 밤에 올 것이다.

    애야
    달은 손톱을 먹고 자란단다.

짠 바닷물이 달에 찰랑이고
나는 밤새
그 달을 다 마셨다.

눈, 사람

눈이 옵니다.
오래전 내렸던 그 눈일까요?
세상이 온통 반짝이는 보석 같습니다.
푸르도록 흰 뒷산 고막을 찢고
토끼 한 마리가 총총총 뛰어 나올 것 같습니다.
동치미 한 사발 떠 오니라!
술독에 빠진 아버지가 비틀비틀
걸어 나오실 것 같습니다.
입이 댓발은 나와서
꿰맨 박바가지 하나 들고
하얀 무가 살얼음 속에 잠들어 있는 장독대까지
뽀드득뽀드득 발자국 도장 새기던,
허리까지 빠져서 차라리 푹 파묻히고 싶었던,
아픈 어머니가 장판 밑에 깔아두고
남편보다, 자식보다 더 의지하던 지폐 같은,
그 눈 말이에요.

포대째 쏟아지는 솜뭉치가
흰 쌀 밥이면 좋겠다…… 좋겠다…….
머리 어깨 무릎 발 무릎 발

정성스레 빚은 하얀 구세주,
식은 연탄재 뜨겁게 안고 해맑게 웃던
그 눈, 사람 말이에요.

아버지의 여름

전남 보성군 회천면 영천 2길
녹차된장 만드는 집
흐려진 간판은 녹이 슬고
곰팡이 핀 시간의 가장자리
노랗게 발효되던 항아리도
다 떠난 시골 마당.

잘잘 끓는 팔월 땡볕에 돌들이
분 나는 감자처럼 익어간다.
호두나무에서 호두 한 알이
툭 뛰어내린다.
찢어져라 울던 매미도
울음을 멈추었다.

유기견 무량이가
빈틈없이 지키는 아버지는
이 빠진 평상에서
꼬박꼬박 졸고 계신다.

당신이 꾸는 이승의 꿈 사이로

돌고 돌아 온 길을 한 점씩 떨구며
잿빛 모기향이 소복이 쌓인다.

가족의 이름으로

요가로 경직된 하루의 마디를 풀고
종일 고요로 꽉 찬 공기의 미로 속으로
열쇠를 꽂는다.
딸깍! 이가 맞을 때
금속의 열쇠는 무한정 따뜻하다.

밥을 주지 않아도
또렷이 시간을 잡고 있는 시계나
몸에 새겨진 피로를 읽는 소파나
몰핀처럼 신경을 끌러버리는 자스민이
일제히 마중 나오는 집.

불은 잠시 켜지 않기로 한다.
어둠에 우두커니 서서
어둠이 눈 밝힐 때까지,
하루 종일 바람과 내통한
그들의 역사를 읽을 때까지,
기다리기로 한다.
공생하기로 한다.
가족이란 이름으로.

제4부

자정에 내리는 눈

지금쯤 방향이 다른 하늘 아래
곤히 잠들어 있을 사람의 이마에
소복소복 하얀 눈이 오시네.

그대 오시는 길 깨울까
죄 많은 발바닥 흔적 남길까
소리 죽여 살살살 걸음을 옮기네.

꿈들이 맥주 거품처럼 일렁이는 자정
얼은 발밑에 깔리는 하얀 치마가
그대가 오래전 이 지구 위로 떨어뜨린
뉘우침의 문장이라 믿고 싶었네.

회한의 눈물조차
가장 깨끗한 의미로 거듭나는 경구를 들으며
헐벗은 나무들 오늘 밤은
종아리가 따뜻하겠네.

사랑초

우리가 쿨쿨 잠자는 동안에도
하나의 세계는 만들어진다.
작은 발가락을 꼼지락거리며
한 발 한 발 촉을 더듬어 오는 기척
무의 끝에서 시작한 너의 행려가
손바닥만 한 사바의 화분 안에서
톡! 마침표를 찍는다. 밤새
네가 굴려 온 태양이 눈뜨는 아침
손톱만 한 너를 누가
사랑이라 이름하였나.
누가 뭐래도 사랑은
가장 낮고 어두운 세계를 귀담아 듣는 노동
어둠보다 먼저 어둠을 읽는 예민함
용서할 수 없는 것을 용서하고
조용한 명상에 든
너의 합장이 사랑이다.

나무를 듣다

무수한 생이
흔들리다 떠난 가장자리

저녁이 되면 나무는
제 그림자 속에 깃든다.

나는
그 아래서 가늘고 낮은 물소리를 듣는다.

한 뼘 한 뼘 그리움의 촉을 뻗어
전 생이 귀가 되는 목숨을 듣는다.

가을 풍경

산을 오르다
뎅구르르 톡, 발 앞에 떨어지는
도토리 한 알

활활 불타고 남은 산의
진신사리

작고 단단한 열반 앞에
두 손 합장하는 청설모.

손바닥

보려고 본 것은 아니었네.

누군가를 떠나보내고
해질녘 바라본 노을과
긴 골목길을 돌아와
혼자 마주했을 저녁상과
달빛보다 더 파란 외로움을
보려고 본 것은 아니었네.
산사태가 할퀴고 간 붉은 도랑길과
이리저리 빗금 간 시간들을
한 움큼 쥐고 있는 그의 손바닥을
보려고 본 것은 아니었네.

허공을 말아 쥔 소주잔에
맑은 물 졸, 졸, 졸 부어 주다
끝내 뱉지 못하고 삼키는
손바닥의 속마음을

풍기 고모

어느덧 그녀 입술이
오물오물 주름들의 무덤이 되었네.

새파란 삼십 대에 청상과부로
두 아들 둘째가라면 서러운 일류대학 보내고도
자식들 몰래 인삼 캐고 받은 일당
약값으로, 파스로 온몸 도배를 해도
사지육신 멀쩡한데 애비 없이 고생한 새끼들
피 같은 돈 받아 쓰면 우짜노, 또
약 한 봉 털어 넣고 들로 밭으로 나가는 고모야
남편 잃고 쥐꼬리만큼 받은 합의금으로
앞날이 구만리 같은 것이 귀에서 물이 나면 어쩐다냐
덥석 내 손목 잡고 병원으로 끌고 가던 고모야
세월이 가는지 오는지
남들이 괄시를 하는지 마는지
허방허방 살아 온 세월 돌아볼 짬도 없이
검은 꽃 가득 핀 고모야

앞마당 오랜 감나무처럼
아픈 가지마다 환히 불 밝힌 고모야

여자, 고모야.

그저

한 주먹씩 약을 털어 넣어도
시간은 정직하게 늙어간다.

떡갈나무 푸른 손바닥이 힘차게
식어 가는 심장을 펌프질 하던
응급의 나날이 지나고
동강난 허리에 철심을 박은 그녀는
조금씩 첫걸음을 떼는 연습 중이다.

평생 엎드려 가난의 밥알을 주워 온 덕분에
오목한 밥공기를 등에 지고 다니는 그녀
딱딱한 플라스틱 보호대 안에서
녹슨 뼈마디의 시간들을 하나씩 일으켜 세운다.

넘어질지언정 결코
고개를 숙일 수는 없다는 듯
코끝을 바라보며 한 발 한 발
낡은 세상을 딛는 연습을 한다.

어둡고 긴 재활의 시간을 쓰으쓰으

쓸고 가는 먹먹한 이 동굴의 끝이
남은 생의 처음이 되는
징하디징한 역주행을

그저
바라볼 뿐.

시인 종우

비 오는 날 파전에 막걸리 한잔 받아 놓고
예쁜 여자 타령 못이 박히게 하다가
첫사랑 여자를 시름시름 찾아가
아무 말 없이 안아 주고 돌아오다가
알사탕 같은 시를 처음 입에 넣어준 선배
추모시 읽으며 주르르 눈물 흘리다가
제 밥은 굶어도 길고양이 밥 때 놓치지 않고 거두다가
사람 살리는 먹거리 만든다고 한살림 쫓아다니다가
물병 하나 들고 낙엽 지는 산길을 홀로 맨발산행 하다가
우르르 쾅쾅 미친놈처럼 지하에서 드럼을 치다가
쌀농사 짓는 귀남이를 쌀처럼 아끼는 시를 쓰다가
이천에 소녀상 건립한다고 사방팔방 뛰어다니다가

폭설에 발 푹푹 빠지는 날
사슴 같은 눈빛으로
가슴에 묻어둔 사람 만나러
먼 길을 온다 간다 말도 없이 그렇게 갈

시인 김종우

고3 달팽이

한동안 너의 산행을 지켜보기로 한다.
시속 0으로 기어가는 느림보 산행
수채구멍을 나와 싱크대를 기어
싱크대 정상으로 올라가는 코스
불가능의 코스를 오직 맨몸으로 기어
네가 도달하고자 하는 곳은 어디인가
성장의 고통과 눈물이
수만 번 으깨지고 다져진 점액질의 몸으로
뼈를 버린 중심으로 힘없는 네가
쓰고자 하는 세상은 어떤 색깔인가
여드름 송송 뚫린 배춧잎을 나와
한 걸음씩 써 나가는 너의 족적을 읽는다.
지문이 다 닳도록 지워야 하는
너의 물큰한 어둠을 읽는다.
자세히 읽어주지 못한 너의 연대기

나의 몸으로 태어나
너의 걸음으로 한 발 한 발 걸어가는
너, 이름하여 고3 달팽이 아들.

어차피 외로울 거
— 시훈이

다시 태어나면
맹수나 맹금류가 되고 싶어요.

어차피 외로울 거
꽃만 보고 살고 싶어요.

꽃도 생살 찢고 나오느라 아프고
너도 울음 찢고 나오느라 아픈가

네 아픈 주소로
봄꽃들이 화르르 뛰어내렸다.

시집

남 집 구경 갔다
내 집 세간들을
보고 오다.

별별

밤에는 은하수가 쏟아진다고 했다
하늘과 호수는 더 없이 푸르다고 했다
넓은 초원이 끝도 없다고 했다
양과 가축들이 길 건널 때까지
차들은 기다려야 한다고 했다
하루에도 몇 번 계절이 바뀐다고 했다
모래바람이 몰아친다고 했다
아무데나 똥을 싸야 할지도 모른다고 했다
며칠을 못 씻을지도 모른다고 했다.
하필 그런 곳을 왜 가냐고 했다.

그곳에서 사람들을 만났다

뼈도 없으면서 뼈 때린다고 구라치는 여자
밤하늘 별을 다 주워먹을 만큼 넉넉한 입을 가진 여자
죽어도 바른 말을 해야 똥이 나오는 여자
얘기 보따리가 끝도 없는 여자
배 잡는 웃음으로 보시하는 여자

별보다 더 빛나는 사람들

하늘도 구름도 호수도 배경이 되는
별 같은 사람들이 거기 있었다.

두 손가락

손가락 세 개가 붙어 엄지가 되고
나머지 두 손가락이 붙어 약지가 된
김씨의 한 손, 짐짓 아닌 척하지만
놀란 맘은 자꾸 손가락의 내력을 되짚어본다.
남들 다 가진 다섯 손가락은
천 갈래 만 갈래 그 마음 찢어 놓았을 테고
찢긴 마음 닦고 닦은 세월은
뭉툭한 두 마디로 정리되었으리라.
벼랑처럼 쓰라린 시간들과
깨달음의 아픈 시간들이 옹이진 마디.
탄광촌 막장 김씨
살이 무르도록 씻어내도
검은 물이 빠지지 않는 손으로
그가 세상 밖으로 캐 올린 것은 무엇일까
쪼개지지 않는 운명의 손가락일까
사리처럼 빛나는 숯검정 미소일까

알고 보면
부처님이 그리신 설법의 동그라미도
단 두 마디로 완성되는 것,

그 동그라미처럼 환하게 웃는
김씨 성을 가진 부처님은 오늘도
컴컴한 갱도 속으로 씩씩하게 걸어가신다.

이사의 변

책상을 옮기거나
책을 옮기거나
그릇을 옮기거나
침대를 옮기거나
신발들을 옮기는 것
뿐만 아니라

공기의 숨결을 옮기는 것
먼지의 주소지를 옮기는 것
그리움의 뿌리를 옮기는 것

징그러운, 안녕

버린다.
꽁꽁 싸매 이사를 몇 번 하도록
셀 수 없이 많은 봄이 왔다 가도록
시들지 않도록, 썩지 않도록
냉장에 넣었다
냉동에 넣었다 했던
곰팡이 핀 가루를 버린다.

몇 겹씩 싸여진 그것이
무엇의 가루인지 알지 못한다.
다만, 징그럽다는 것
징글징글해서
한 톨 미련마저 없어진

내 눈물의 가루였건
목마른 영혼의 가루였건
덧없는 시간의 가루였건

이젠
안녕이다.

발문

청춘에 찍힌 시의 낙인

정진명(시인)

1

그때 우리는 겁이 없었다. 뜻은 높았고, 기개는 하늘을 찔렀다. 항우의 역발산기개세도 우리의 청춘에 비하면 아무 것도 아니었다. 기성 시인들은 시를 드럽게 못 썼고, 젊은 시인들은 말재주만 좋았다. 해마다 발표되는 신춘문예 당선작들은 풍치 앓는 이빨처럼 만만해 보였다. 시인들이 어찌 이렇게 시를 못 쓸 수 있단 말인가? 이것이 우리가 시를 쓰는 이유였다.

갑작스런 꽃 소식으로
지구의 귀는 피곤하다.

살점이 터진 끈적한 피로
흰 글자를 쓰는 나무들.

장미가 피고 지는 것은
장미의 일.

한 시절이
또 다른 시절을 기리는 것은
시간의 일.

나는 나의 붕대를 감는다.

나는 나의 녹슨 귀를 가꾼다.
― 「폭발적」 전문

이 시에는 '어떤 사랑에 대하여'라는 부제가 붙었다. 사랑에 관한 시이다. 하지만 시는 어려울 것이다. 이미지는 산뜻한데 뜻은 또렷이 잡히지 않을 것이다. 논리와 상상이 몇 단계 굴절을 거쳤기 때문이다. 이제부터 그것을 정리해 보자.

꽃은 나무의 살갗이 터지는 고통스러운 일이다. 사랑이 그렇다. 꽃으로 글자를 쓴다고 한 것으로 보아 뭔가 할 말이 있다. 그 꽃소식을 듣는 이는 지구이지만, 사랑에 관해서 듣는 이는 나다. 사랑은 아름다운 일이지만 아픈 일이다. 그 소식을 듣는다. 어떤 사랑이라고 했지만, 나의 옛사랑이었을 것이다. 그러기에 아프고 아름다운 상처는 나의 것이었다. 하지만 시간이 지나면서 그것은 남의 일처럼 바뀐다. 각자 그 시간에 걸맞은 그런 일들로 매듭지어져, 이제는 남의 일처럼 보게 되었을 뿐이다. 장미는 장미의 일을 할 뿐인 것처럼, 나는 지나간 그 사랑의 기억을 시간의 힘을 빌려 기릴

수 있는 여유가 생겼다. 그리고 그 상처를 낫게 하는 것은 시간이기에, 나의 사랑이 나에게 준 상처를 치료하는 것도 나 자신이다. "나의 붕대를 감는다."는 것은 이것을 말한다. 옛사랑에 관한 일이기에 그 옛 소식을 듣는 나의 귀는 "녹슨 귀"이다. 꽃의 상처가 아문 곳에 새잎이 나듯이 이제는 내 귀에 덤덤하게 들리는 사랑의 소식을 잎새처럼 다독여 가꾼다.

이 정도면 설명이 되었을까? 이토록 정교하게 상상력을 펼쳐서 또 다른 논리를 풀어내는 시인의 능력은 웬만큼 단련된 솜씨가 아니다. 우리 시대에 또 어떤 시인이 이런 정교한 상상의 굴절과 논리의 변화를 마음먹은 대로 구사할 수 있을까? 그때 겁이 없다던 우리의 콧대 높이는 결코 과장이 아니다.

2

이 오만한 청춘들은 일주일에 한 번씩 합평회를 했다. 학생회관 '창문학동인회' 동아리방에 모여서 동인들이 써온 작품을 돌려 읽고, 시의 잘잘못을 뜯어보는 방식이었다. 우리에게는 스승이 없었다. 가르쳐주는 스승이 없으니 책이 곧 스승이었고, 남의 시가 스승이었고, 실패가 스승이었다. 우리 스스로 시를 읽고 길을 뚫었다. 선배의 선배로부터 내려온 시를 보는 방식이 우리의 창작열을 단련하는 유일한 방법이었다. 합평회에 올라온 작품이 칭찬받는 경우란 없었다. 아마추어 수준의 습작이 당연히 받아야 할 채찍이었지만, 이제 막 문학에 입문한 햇병아리들에게는 쓰라린 상처가 될 말들이 합평회에서 쏟아져 나왔고, 점차 거기에 익숙해져갔다. 이런 상처를 견디지 못한 청춘들은 저절로 동아리를 떠났지만, 누구도 떠나는 이를 잡지 않았다. 비판을 받아들이기 힘겨워하는 신입생은 한 학기가 채 되기도 전에 절반 이상 떨어져 나갔다.

   그렇다고 하여 비판만 하는 것은 아니었다. 작품을 보는 분명한 기준이 있었다. 정실비평은 금지였고, 작가와 작품을 분리시켜서 작품의 완성도만을 따지는 방식이었다. 그렇기에 사사로운 감정이나 적당한 타협은 애초부터 없었다. 적어도 작품에 대해서만큼은 남에게도 나에게도 엄격하고 냉정했다. 어떤 명작이라도 합평회의 칼날을 견딜 시는 없었다. 서정주, 신경림, 오규원이 온다 해도 울고 갈 일이었다. 어떤 때는 이런 상처가 무슨 의미가 있겠냐 싶은 회의감도 들었지만, 동아리를 떠나간 사람들이 다른 곳에서 글을 쓴다는 소식이 들리지 않을 때면, 남은 사람들의 담금질이 미래를 위한 값진 상처라고 믿었다.

   1년을 살아남은 동인들의 작품에서는 제법 빛나는 이미지들이 살아났다. 하지만 시대는 뜨거웠다. 캠퍼스에는 날마다 최루탄이 터졌고, 우리가 걱정해야 할 것은 문학만이 아니었다. 앞으로 우리에게 남은 모든 시간이 최루탄만큼이나 매캐하고 암담했다. 4년 뒤 우리는 최루탄 자욱한 교문을 벗어나 세상으로 흘러들었다. 또 다른 싸움이 우리 앞에 남았다. 먹고사는 일 앞에서 문학이라니? 시라니!

그제야 우리를 그토록 담금질했던 선배들 소식이 더는 우리에게 닿지 않는 이유를 알게 되었다. 세상은 시에 관심이 없었다. 우리 사회에서 문학은 멸종 직전의 공룡과 같은 운명이었고, 먹고살아야 하는 일과 시를 쓰는 일 사이의 건널 수 없는 깊은 골짜기를 우리는 날마다 맞닥뜨려야 했다. 글 한 줄로 세상을 바꾸고 나를 구원할 것 같던 시는 점차 멀어져 가고, 날마다 닥치는 현실과 싸우다 보면 하루가 가고 한 달이 가고 1년이 훌쩍 흘러갔다. 그러고 나면 움켜쥔 주먹 사이로 모래처럼 허무하게 빠져나가는 시간과 후회들. 이 무기력을 내가 과연 견딜 수 있을까?

늘 하던 좌회전인데
동신장 여관이 거기 있었고 그 어깨 너머
고목만 한 붉은 목련나무 한 그루
신호등처럼 켜져 있었네, 가지마다
치마를 풀어헤친 여자들이
주렁주렁 열렸네.
화장이 지워진 그녀들은
쓰라린 밑을 말리느라
부서지는 햇살 아래 몸져누웠는데
그들의 씻은 피를 마신
목련나무 발밑에서 어쩌면 나도
잃어버린 정신의 순결을 가늠할 시간

멀어지는 백미러 속으로
뒷걸음치다 뛰어내리는
한 여자를 구할 길 없네.

―「동신장 목련」 전문

  풍경은 늘 그 자리에 그렇게 있다. 그것을 보는 것은 사람이고, 그것을 새롭게 보는 것도 사람이다. 그런 사람에게 그 풍경이 새롭게 다가올 때가 있다. 사람이 달라졌거나 풍경이 달라졌거나 둘 중의 하나이다. 대부분 풍경이 달라져서 그것에서 자신의 모습을 보고 화들짝 놀라는 경우가 많다. 일상의 무덤덤함 속에 파묻힌 감각이 어떤 계기를 통해 자각이 될 때이다. 봄날에 갑자기 피는 꽃들은 그런 자극제가 되는 경우가 많다.

  이 시에서도 대상은 목련꽃이지만, 그것을 자신과 동일시하여 바라보는 것은 시인이다. 그리고 구할 길이 없는 상태이다. 그것은 떨어지는 목련꽃이 아니라, 시인 자신의 모습이다. 이런 상황에서 시인은 자신이 시인임을 자각하고 곧 이 상황을 시로 만들었다. 순간순간이 무기력으로 빠져드는 일상 속에서 시인이 얼마나 자신과 치열하게 싸웠는가를 보여주는 작품이다.

  누군가
허가도 없이 유리창에 집을 짓고 있다.
곧 철거 명령이 떨어질 거품집을 짓고 있다.

투명한 국수 면발 같은 햇살이나
거친 숨 몰아쉬는 바람이나
새 눈물 같은 이슬들의 거주지

몸을 뱉어서
허공을 끌어모으는 거미의 중심.

가닥가닥 엮은 방은
울음일까
번민일까
시간일까

가슴이 다 타서 비워내면 저리
아찔한 자유가 될 수 있을까?

내 속에 촘촘히
세 들어 사는 거미들이여.

부디
나를 다 가져라.
헤어 나올 수 없는
불멸의 시를 써라.

—「그물 왕국」 전문

시를 잊고 살다 보면 한순간에 사무치게 시가 부메랑을 날릴 때가 있다. 그때 한 방 맞은 느낌은 묵직하다. 시를 잊고 사는 자신을 저절로 탓하게 된다. 그래서 이런 자학에 가까운 시가 나온다. 시가 되지 않지만, 시가 되지 않는 그 상황을 시의 재료로 삼아서 시를 쓰는 시인의 마음을 뭐라고 해야 할까? 이것은 시를 사랑하지 않으면 안 되는 일이다. 이런 식으로라도 시를 잊지 않으려는 지루하고 무거운 시간이 시인의 곁을 아무렇지 않게 흘러간다. 이런 의미 없는 시간과 싸우느라 애쓰는 생각의 뒤에는 시에 대한 집착과 사랑이 있기 때문이다. 그러니 시인이 이 시를 읽는다면 어찌 애달프지 않을 수 있으랴.

3

운동을 하다 보면 힘을 **빼**라는 소리를 듣는다. 힘을 **빼야** 제대로 힘을 쓴다. 시도 그렇다. 겁 없던 시절 우리가 배운 것은 힘을 주는 법이었다. 선배들은 우리에게 힘 주는 법을 가르쳤지만, 힘을 **빼**는 방법은 가르쳐주지 않았다. 온 정신과 눈에 힘이 잔뜩 들어간 상태로 마주한 세상은 애초부터 만만한 대상이 아니었다. 힘을 잔뜩 준 놈은 제 힘에 무너지기 마련이다. 하루하루 내 몸에서 내 정신에서 맥없이 힘이 빠져나갔다. 마치 늪에 빠진 늑대처럼 비명을 지르다가 끝이 없는 바닥으로 빠져드는 느낌이었다. 이미지는 머릿속에서만 맴돌고 시는 나오지 않았다. 세월은 흘러갔다. 우리는 광어처럼 세상의 바닥에 납작 엎드려 숨만 쉬었다.

더 이상 빠져나갈 힘이 없는 곳에는 무엇이 남을까? 투명한 정신이다.

나방 한 마리
차 앞유리에 날아와 부딪는다.
나방은 없어지고 피 그림만 남았다.
누른 듯 납작한,
평면과 하나가 된 저 상형문자!

무릇, 모든 죽음은 부피가 없다.
―「납작한 그림」 전문

고등어를 구을 때 기름이 쪽 빠지고 나면 그 밑에서 불 향기를 풍기며 올라오는 담백한 그런 맛. 지나친 희망이 반대급부로 불러왔던 사치스런 절망이 빠져나가고 나면 절망도 희망도 아닌 빛나는 이미지 한 장이 시의 밑에서 절로 떠오른다. 말은 사라지고 깨달음이 남는다. 깨달음을 일깨우는 깔끔한 이미지가 남는다. 시란 그런 것이었다. 절망과 희망을 뚫고 삶의 저쪽에서 휘익 하며 날아드는 화살 같은 것.

2월은 아픈 손가락

약속의 마디를 뚝 잘라

꽃잎의 혈서를 쓰는 달.

그대에게 닿을 수 없는
고백의 자리가 비었다.

—「2월」 전문

셀로판지처럼 투명한 정신에 세상이 드리우는 풍경은 이 토록 깔끔하게 시로 나타난다. 누군가 약속을 했다. 그 약속을 지키지 못한 마음은 혈서를 쓸 만큼 아프다. 이미 약속을 지키지 못했기에, 그대에게 닿을 수 없다. 2월을 손가락에 빗댄 이 작품은 짧으면서도 강렬하다. 행간에 여러 의미를 담아서 이렇게 읽어도 좋고 저렇게 읽어도 된다. 시가 원래 짧은 양식임을 이보다 더 잘 보여줄 수도 없다. 하지만 이런 작용은 시가 성공했을 때의 일이다. 실패작의 경우 알쏭달쏭하기만 하다. 그러나 이 시는 알쏭달쏭하지 않다. 아주 또렷하다. 이미지가 워낙 적절하기 때문이다. 거기에 의미를 담아놓으면 깊이는 더욱 깊어진다. 메아리를 돌려줄 만큼 깊은 우물 같다.

4

1988년 새 학기 3월로 기억한다. 충북대학교에는 전국에서 가장 좋은 금잔디밭이 있다. 소나무 두 그루가 날아갈 듯이 날갯죽지를 펴면 그 밑에서 삼삼오오 모인 청춘들의 웃음소리가 종달새처럼 날아오르는 곳이었다. 봄날의 화

창한 기운을 못 이겨 컴컴한 동아리방이 아닌 대잔디밭에서 둘러앉아 합평회를 하는 중이었는데, 저쪽에서 앳된 신입생 냄새가 풀풀 나는 여학생이 다가왔다. 동아리방에 갔더니 이곳에서 합평회를 한다고 문에 쓰여 있어서 찾아왔다는 것이다. 그래서 내가 대뜸 이랬다.

"신입생은 노래를 해야 한다. 노래 못하면 안 받는다."

당연히 심술궂은 장난이었지만, 그 여학생은 잠시 후 목을 가다듬고 노래를 불렀다. 우리는 짓궂게도 노래를 시켜 놓고 우리끼리 떠들었다. 이 기막힌 상황에 노래가 잠시 흔들리더니, 곧 우리의 잡음을 뚫고 여학생의 노래는 잔디밭으로 퍼져나갔다. 속으로 이런 생각을 했다.

"이것 봐라? 물건이 하나 들어왔네."

대학 생활은 동아리 생활만 하는 것이 아니다. 늘 바쁜 숙제에 밀려 시간은 턱없이 모자라고, 그 바쁜 시간을 쪼개서 시를 쓰는 것이다. 그러니 늘 선배들의 독촉을 받고, 그런 부담을 견디지 못하고 떠나는 사람도 적지 않았다. 그러나 그렇게 1년쯤 지나면, 문학이 나의 소매를 잡고 있음을 느낀다. 떠났다가 돌아오는 사람들의 얘기를 들어보면, 딴 데 가면 심심해서 못 살겠다는 것이다. 오는 사람 말리지 않고 떠난 사람 붙잡지 않는다. 우리는 그렇게 시에 물들어갔다.

안미현은 흔들리지 않는 중심이 있었다. 약학대학의 공부 양은 소문난 것이었지만, 그런 바쁜 가운데서도 꾸준히 시를 썼다. 일부러 딴짓하는 낯선 사람들 앞에서 제 노래를 끝까지 부르는 모습에서 나는 흔들리지 않는 뚝심을 확인

했고, 30년이 지난 지금 시집 원고를 훑어보며 그것이 틀리지 않은 직감이었음을 확인한다. 즐거운 추억이다.

  이 뚝심은 타고나는 것이 아니라, 무너져서는 안 될 것이 있는 어른에게서 나오는 것이다. 오랜 세월 시로 인연을 맺어오면서 사생활에 대해서는 서로 잘 묻지 않은 나로서는 이 점이 참 궁금했는데, 다음 시를 보고서 그 까닭을 알았다. 안미현은 너무 이른 고등학교 때 어른이 되어버린 것이다.

    얼굴이 파랗도록 울더니
    금세 활짝 웃는 하늘

    놀러 가고 싶다.

    속없는 김밥과
    약 같은 물을 싸서

    놀러 가고 싶다.

    눈물 얼룩 같은 솜구름에 앉아
    아직도 아픈 엄마에게
    한 입 넣어 주고 싶다.

    나보다 어린 엄마 얼굴

가득한 하늘

　　　　　　　　　　　　　　—「하늘」 전문

　지금의 나보다 더 어린 나이에 하늘나라로 간 엄마를 생각하며 쓴 시이다. 그런 엄마를 바라보는 어린 자식에게는 고통에 괴로워하는 엄마의 모습이 각인된다. 그 엄마는 계속 아픈 기억을 남아 나를 붙잡는다. 이제 내가 엄마보다 더 나이가 많이 되었지만, 나는 엄마에게 끝없이 아이일 뿐이다. 어른이 되어도 엄마를 넘어설 수 없는 게 사람이다.

　5
　스승 없이, 스스로를 스승 삼아서 시를 공부했던 우리 중 몇몇은 문학잡지를 통해서 혹은 동인지를 통해서 운 좋게 등단했다. 시인이라는 허울을 쓰고, 써야 한다는 의무감에 밀려, 간간이 시를 세상에 방목하는 동안, 안미현은 제 전공대로 약국에 갇혀 유리창 밖으로 세상을 내다보았다. 가끔 오는 안부전화를 통해서 시를 놓지 않았다는 안도감을 느끼곤 하였지만, 이 지루한 시간을 견디는 것은 오직 자신의 몫이기에, 시인이라는 이름은 시 때문에 붙는 것이 아니라 이 견딤 때문에 붙는 것임을 알게 되었다. 안미현은 시인은 아니지만, 진짜로 시를 쓰는 시인이었다. 하지만 그것이 언제까지 갈지는 아무도 모르는 일이었다. 등단한 사람도 이것은 마찬가지였다.
　이런 불안을 부추겨서 시작한 일이 2004년에 『새로운 감

성과 지성」이라는 사화집이었다. 거기에 안미현은 「눈 오는 날」 외 9편을 발표함으로써 시인이라는 이름을 얻는다. 공룡 대멸종 시기처럼 뻔히 닥쳐오는 혜성을 바라보며 시의 시대를 선언한 것이다. 그래도 좋은 것은, 처음 문학을 시작했던 사람들이 모여서 새로운 길을 모색하려고 시도했다는 점이다. 이런저런 문학 단체에 관여하며 그런저런 기관지에 시를 발표하는 처지였지만, 자생 동인지라고는 찾아볼 길이 없던 황무지에서 우리 힘으로 새로운 길을 열려는 시도는 무모했지만 뿌듯했다. 스승 없는 자에게는 자신이 곧 스승임을 한 번 더 깨닫게 된 일이기도 하다.

우리는 서로의 얼굴을 모른다.
젖고 젖어 경계가 지워졌다.

나는 그에게로 흘러가고
그는 내게로 와 비로소 스민다.

밤새, 우리가 앉았던 나무소파
십 층 무릎까지 수위가 찼다.

등고선에 범람하는 구름의 불안
우리는 지혈이 안 되는 서로의 안부를
몰래몰래 챙긴다.

잊히지 않기 위해

쓰러지지 않기 위해

늘 젖어있는 생의 발바닥

아주 작은 물방울이 우리의 조상이다.

—「장마」 전문

  오늘날 사회에서 개인은 파편이다. 조각조각으로 나뉘어서 어디 어느 부분이 연결되었던 맥점인지 알 수 없는 채로 살아간다. 하지만 어느 순간에 보면 다들 똑같이 살아간다고 느낄 때가 있다. 아파트가 그렇다. 저 작은 공간 하나마다 모두 다른 인생이지만, 멀리서 보면 전체를 구성하는 조각으로 보인다. 연결점이 전혀 없는 파편화 된 개인이 어떤 맥락으로 이어질 때가 있다. 그것이 장마 때 빗물 속에서 바라본다면 더욱 그런 연결점이 확실해진다. 오히려 나뉜 것은 없다. 모두가 연결되었다. 모두 젖었으므로 물방울을 매개로, 습기를 접착제로 하여 이어진 셈이다. 이런 희한한 세상을 이 시는 아주 잘 포착했다.

  게다가 표현이 발랄하여 내용이 우중충한 시인데도 읽는 구절마다 감칠맛이 난다. 시인의 표현력이 아주 잘 살아난 시이다. 물방울을 우리의 조상이라고 말하는 것도 그렇고, 아파트를 소파의 십층 무릎이라고 하는 것도 그렇다. 사물의 서로 다른 특성을 재기발랄하게 이어 상상력이 한순간도 멈추지 않는 통통볼 같은 느낌을 주는 시다.

서로 관련이 없는 듯이 살지만, 사실은 남에게 관심을 주지 않을 수 없는 것이 사람이다. 지혈이 안 되는 안부라는 표현은 그런 것이다. 그런 세상에 발을 딛지 않을 수 없다. 그러므로 발은 늘 젖기 마련이다.

이런 재기발랄한 상상은 다루기 거북한 문제를 다룰 때 대단한 효과를 낸다. 다음 작품을 보자.

> 오직 늙었다는 이유로 퇴출당한
> 나뭇잎 하나 뒹군다. 어쩌면
> 스스로 고층에서
> 뛰어내렸는지도 모른다.
>
> 늦은 저녁
> 실내등은 꺼져 있고
> 가족들은 각자의 방에 잠겨 있다.
>
> 그들의 유일한 종교는
> 돈.
>
> 직장에서 떨려난 가장은
> 부모가 아니고
> 남편이 아니고
> 자식이 아니다.

등이 굽은 나뭇잎 하나
거리를 서성이다 끼리끼리 모여
공원에서 장기를 두거나
공짜 햇볕에 졸거나
가짜 비아그라를 먹고
어두운 골목으로 사라진다.

젖은 나뭇잎 하나
얼굴에 붙어
떨어지지 않는다.

―「나뭇잎 하나」 전문

 돈이 종교인 시대를 사는 한 가장을 묘사한 시다. 내용을 보면 슬프기 그지없다. 하지만 남의 이야기여서 슬프다기보다는 마치 내 이야기처럼 여겨지는 것은, 시인이 비유와 상상력으로 우리의 생각을 그 속으로 밀어넣기 때문이다. 길바닥에 떨어진 나뭇잎과 직장에서 밀려난 무능력한 가장을 연결시켰다. 그리고 이런 나뭇잎 이미지를 공원에서 떠도는 볼품없는 가장들에게 모두 적용시켰다. 개인의 문제가 아니라 전체의 문제임을 이 한 이미지가 보여준다. 얼굴에 붙어 떨어지지 않는 젖은 나뭇잎은 우리 모두에게 해당될 수 있는 일이기 때문이다. 이렇게 사소한 표현으로 의미의 영역은 순식간에 확대된다.

6

사람에게 가족은 숙명이다. 피할 수 없는 관계이다. 이 관계가 사람을 만들기도 하고 부수기도 한다.

>할머니가 가신 지 오랜 방
>덜컹거리는 여닫이문에
>놋숟가락 하나 꽂혀 있다.
>
>백 년의 산목숨이
>유물이 되었다.
>
>손가락을 기록하는 먼지들과
>구석진 냄새들이 부둥켜안고
>그녀의 부재를 기리는 방.
>또 다른 부재가 기다리는 방.
>
>별이 쏟아지는 밤
>개구리 울음소리 시끄러운 밤
>
>앞마당에 작고 노란 수련 한 송이
>찰랑찰랑
>시간의 잔주름을 적시고 있다.
>
>―「그녀의 방」 전문

옛날에 할머니들은 놋숟가락으로 비녀 대신 머리를 꽂았다. 비녀가 없어서 그랬는지 아니면 비녀를 찾기가 귀찮아서 그랬는지 모르겠지만, 어린 나의 눈에는 그런 게 신기하기도 하고 재미있기도 했다. 이런 체험은 시인도 마찬가지였던 모양이다. 할머니 머리에 꽂혔던 놋숟가락을 이번에는 할머니가 살던 빈방의 문을 잠그는 데 썼다. 이런 쓰임의 변경과 변화는 그것을 보는 사람의 마음을 한동안 어지럽힌다. 그리고 그 질서가 잡힐 때 문득 이런 아름다운 시가 나온다. 내용은 슬프지만, 그것을 보고 그것을 안내하는 시인의 눈은 아름답다.

늙은이의 몸에서는 늙은이의 냄새가 난다. 어린 나는 할머니의 냄새를 정확히 기억한다. 할머니가 없을 때는 할머니가 나에게 주었던 오감이 할머니를 대신한다. 사람에게는 어쩌면 부재란 없는지도 모른다. 어떻게든 기억은 그 부재를 다른 것으로 채우려 든다. 그래서 더는 곁에 없는 할머니의 이마에 있던 잔주름을 수련에 찰랑이는 물살에서 바라보는 것이다.

이 밖에도 시인을 옭아맨 가족으로는 앞서 한 번 본 엄마가 있다. 이른 나이에 하늘로 가신 엄마를 기억하는 시인에게는 다른 가족도 있다. 그들이 시에 초대받는 것은 당연한 일이다. 특히 자신의 분신인 자식은 남다를 수밖에 없다.

한동안 너의 산행을 지켜보기로 한다.
시속 0으로 기어가는 느림보 산행

수채 구멍을 나와 싱크대를 기어
싱크대 정상으로 올라가는 코스
불가능의 코스를 오직 맨몸으로 기어
네가 도달하고자 하는 곳은 어디인가
성장의 고통과 눈물이
수만 번 으깨지고 다져진 점액질의 몸으로
뼈를 버린 중심으로 힘없는 네가
쓰고자 하는 세상은 어떤 색깔인가
여드름 송송 뚫린 배춧잎을 나와
한 걸음씩 써나가는 너의 족적을 읽는다.
지문이 다 닳도록 지워야 하는
너의 물큰한 어둠을 읽는다.
자세히 읽어주지 못한 너의 연대기

나의 몸으로 태어나
너의 걸음으로 한 발 한 발 걸어가는
너, 이름하여 고3 달팽이 아들.

―「고3 달팽이」 전문

특별한 장식이 없어도 이런 시는 가슴을 울린다. 부모라는 위치에 자식이 처한 환경은 그저 안쓰러움뿐이다. 그래도 스스로 길을 갈 수 있도록 지켜볼 수밖에 없는 것이 부모가 해줄 수 있는 최선이다.

7

내 나이 환갑을 지났다. 길에서 마주친 아이들은 걸리적거리는 나를 '할아버지'라고 부른다. 돌이켜보면 나는 시의 재목은 아니었던 것 같다. 하지만 시와 함께 한 삶은 내내 즐거웠다. 내가 좋은 시를 잘 써서 즐거운 것이 아니라, 시 쓰는 훈련을 통해서 만들어진 안목과 통찰력으로, 남의 시를 깊이 들여다볼 수 있어서 즐거웠다. 그것만으로도 시는 내게 큰 축복이었다. 이번에 안미현 시인의 시집 원고를 받아들고서 이 점 다시 확인하게 되었다. 내 눈으로 달려드는 그 명징한 이미지들이 머릿속에 한 생을 영화처럼 고스란히 펼치는 것을 보고서, 새삼 시를 쓰며 살아온 나의 발걸음이 누군가에게도 그럴지 모른다는 설렘이 뒤따랐다. 대학 4년의 담금질 후 일상의 늪 속으로 영원히 빠져버린 수많은 선배와 달리 그 늪에 피운 연꽃을 바라보며, 안미현 시인의 세월과 겹친 나의 추억 한 자락을 이렇게 더듬어보는 것으로, 시집 출판을 기념한다.

징그러운, 안녕

2022년 5월 25일 초판 1쇄 발행

지은이 안미현
펴낸이 유정환
펴낸곳 도서출판 고두미
        등록 2001년 5월 22일(제2001-000011호)
        충북 청주시 상당구 꽃산서로8번길 90
        Tel. 043-257-2224 / Fax. 070-7016-0823
        E-mail. godumi@naver.com

ⓒ안미현, 2022
ISBN 979-11-91306-25-5 03810

※ 저저와의 협의에 따라 인지를 생략합니다.
※ 책값은 뒤표지에 표시하였습니다.
※ 잘못 된 책은 구입한 곳에서 바꾸어 드립니다.